SURDISMI

Jan Kauppinen
2022

Jan Kauppinen
Surdismi

Kustantaja: BoD - Books on Demand, Helsinki, Suomi
Valmistaja: BoD - Books on Demand, Norderstedt, Saksa

ISBN 978-952-80-5027-8 (pehmeäkantinen)

Sisällysluettelo

5

Tämä teksti esittelee kehittämäni uskonto-filosofian, nimeltään **Surdismi**. Nimi on johdettu sanasta absurdi, eli mieletön tai järjetön, jonka vastakohta surdi on. Olen siis ensimmäinen surdisti.

Surdismi on agnostinen uskonto, joka ei ole ristiriidassa tieteen kanssa.

Surdismi on symmetrinen uskonto. Siinä ei ole sisäisiä, eikä ulkoisia ristiriitoja. Symmetrisyys on yksi totuuden tunnusmerkeistä.

Surdismi on varmasti maailman haastavin uskonto. Siinä ihmiseltä vaaditaan melkoisesti, jotta hän pääsee taivaaseen, jos sellaista edes on. Edes 100% usko ei vie ketään taivaaseen, vaan siihen vaaditaan pitkäjänteistä työtä ja lahjakkuutta.

Aina kun puhun jumalasta, en tarkoita että uskoisin häneen. Uskon ainoastaan mahdollisuuteen, että hän on olemassa.

6 Intergalaktinen yhteistyö

Kaukana tulevaisuudessa ihminen ja muut universumin älyköt rakentavat yhdessä tietokoneen, joka kattaa koko maailmankaikkeuden.

Soveltuvat taivaankappaleet pinnoitetaan prosessoreilla, digitaalisilla, ja kvanttisuorittimilla ja muistipiireillä.

Taivaankappaleet kommunikoivat keskenään, ne ovat eräänlaisia aivosoluja. Niistä koostuvat aivot ovat lähes koko universumin kokoiset.

Taivaankappaleiden etäisyydet ovat niin suuria, että valonnopeudella kulkeva informaatio liikkuu aivan liian hitaasti, siksi tarvitaan kvanttitiedonsiirtoa.

Jotta tieto siirtyisi riittävän nopeasti, solujen välisen kommunikaation täytyy perustua kvanttien lomittumisilmiöön. Tuossa ilmiössä on (vähintään) kaksi kvanttia, ja kun toinen muuttuu, niin toinenkin muuttuu.

Jos opitaan muodostamaan kvanttipareja, jotka ovat polarisoituneita samalla tavalla, voidaan muuttaa toisen kvantin tilaa, syöttämällä siihen informaatiota – tuo informaatio ilmestyy toiseen kvanttiin, josta se luetaan.

Tavoitteena on siis rakentaa niin tehokas tietokone, että sen avulla voidaan simuloida uusi universumi.

Jos absoluuttinen totuus on, että kalorin simuloimiseksi tarvitaan kalorin verran energiaa, on meidän suuruisen maailmankaikkeuden simuloiminen mahdotonta. Täten mitään Jumalia ei voi olla, jolloin ateisimi on tämän päivän tiedon pohjalta perusteltua.

Jos opitaan simuloimaan vähemmästä energiasta enemmän energiaa, ongelma on ratkaistu.

Toinen ratkaisu on simuloida pienempi universumi. Vaikka se olisi miljardisosan kokoinen, se olisi silti valtava.

Tai sitten uuden universumin voi luoda muutoin, kuin simuloiden.

Jos universumin simuloiminen käy ihmiseltä mahdolliseksi, on todennäköistä, että jokaista luonnollista universumia kohden on monta keinotekoista universumia. Ja jokaisesta näistä sikiää uusia. Se tekee luonnollisista universumeista hyvin harvinaisia.

Näin ollen, jos joskus huomaamme itse olevamme mahdollisia Jumalia, on huomattavasti todennäköisempää, että meidänkin maailmamme on Jumalan alulle panema.

Alussa oli...

Jotkut väittävät, että Jumala oli ennen kaikkea, ennen materiaa.

Minun määritelmäni mukaan Jumala on olento, jolla on tietoisuus.

Tietoisuus kuitenkin vaatii materiaa, josta olla tietoinen, ja sen lisäksi materiaa, joka mahdollistaa tietoisuuden fyysisen toiminnan, eli hermosoluja tai tietoteknisiä komponentteja, joilla prosessoida ja joihin tallentaa tietoa.

On siis olemassa se ensimmäinen materiaalinen todellisuus, jossa ensimmäinen jumalallinen olento mahdollisesti syntyy ja ajan myötä panee alulle, luultavasti suuren tietokoneen avulla, seuraavan todellisuuden simulaation.

Mutta mistä tiedämme onko meidän todellisuus se ensimmäinen vai jonkun mahtavan olennon aikaansaama. Olennon, joka on aikaisemmin todennäköisesti ollut apina, siinä missä meidänkin esiisät olivat, kehittynyt ihmiseksi ja kohonnut siitä Jumalaksi.

Vai onko maailmassamme elävä ihminen (tai joku muu älykäs rotu) se, josta kehittyy ensimmäinen Jumala, sikäli kun ihminen pystyy torjumaan käsillä olevan ekokatastrofin ja säilymään järjestäytyneenä yhteiskuntana.

Muita Jumalia voi olla myös tässä universumissa. Muita Jumalia voi olla myös eri ulottuvuuksissa.

8 | Luonnollisesti syntyneitä todellisuuksia voi olla vaikka kuinka monta, mutta kuten tätä, jokaista todellisuutta koskee seuraavat vaihtoehdot:

A: se on ensimmäinen todellisuus, joka on syntynyt luonnollisesti ja **ehkä** synnyttää jumalallisen olennon, joka taas luo uuden todellisuuden, jne.

B: se on järjestyksessään ties kuinka mones jumalan luoma todellisuus, sisäkkäisten todellisuuksien jatkumossa.

Jos Jumalan aikaansaannokseksi katsotaan vain universumin synty, on jokainen ihmisen antama todennäköisyys hänen olemassa olemiselleen korkeintaankin vain arvailua.

Kysymykseen: "onko jumala olemassa?", on yksi ainoa oikea vastaus: "ei voida tietää". Vielä. Ehkei koskaan. Ehkä Jumalalla on joku syy olla paljastamatta itseään. Ehkei Jumalaa ole. On kysymyksiä, joihin ei ehkä koskaan saada vastausta.

Kritiikki

Simulaatioteoriaa on kritisoitu kysymällä, miksi jonkun mahtavan olennon tarvitsisi synnyttää itseään huomattavasti alkukantaisempia olentoja.

Näen ihmiskulttuurin aikuisuutta kohti kasvavana lapsena, joka kiihtyvällä vauhdilla ottaa askelia kohti täydellisyyttä, ja tietenkin kompuroi, joskus pahastikin.

Kuten jokainen lapsi on vauvaiässä hyvin samanlainen, myös kulttuurit ovat aluksi samanlaisia ja siitä vähän vanhempana omanlaisiaan, kunnes vanhempana tiedon karttuessa alkavat taas muistuttamaan yhä enemmän ja enemmän toisiaan. Lopulta, ne kaikki ovat yhtä mahtavia viisaudessaan ja hyveellisyydessään.

Jokaisella kulttuurilla on samat aikakaudet suunnilleen samoihin aikoihin ja suunnilleen samassa järjestyksessä. Jokainen kulttuuri tuottaa *jotain* täysin uniikkia ja arvokasta. Tuo uniikki on se mistä Jumala on kiinnostunut.

Jumala loi meidät myös sen vuoksi mitä me rotuna hänelle tuotamme: tietoa, eli kulttuuria, erilaisia teoksia, taiteen, tieteen, filosofian ja komiikan muodossa. Ihminen on hänelle vain älykäs työkalu joka ne synnyttää.

Kun ihminen luo teoksen, joka miellyttää Jumalaa suuresti, hän ylittää jumalkynnyksen. Tuolloin Jumala kopioi lihaihmisen omaan maailmaansa.

Jumalkynnys on se kultainen askel kehittyessäsi enkeliksi. Kun kaput tuolle askelmalle, on taivaspaikka sinulle taattu. Ongelma vain on, ettemme voi sanoa milloin tuo virstanpylväs ohittuu ja onko sellaista, kuin taivas. Kuitenkin, tuottamalla hienoja teoksia, yksilöllä on edes jokin mahdollisuus päästä taivaaseen.

Täytyy myös muistaa, että tuottamalla erittäin laadukkaita teoksia, todennäköisesti ansaitset paikan myös maanpäällisessä paratiisissa.

"Jos kahta entiteettiä ei voi erottaa toisistaan, ne ovat sama enti-teetti."

Jos ylität jumalkynnyksen, sinut kopioidaan taivaaseen – joka myös on virtuaalinen todellisuus.

Kopio vastaa alkuperäistä, lihaihmistä, joten voidaan sanoa vähintäänkin sielun menevän taivaaseen.

Kun menet taivaaseen, sinun data – se mikä muodostaa sinut, kirjoitetaan *sielujen kiveen.* Kivestä sinut voidaan aina tarvittaessa palauttaa. Varmuuskopio kirjoitetaan aika ajoin. Data kirjoitetaan kiveen, koska kivi kestää hyvin aikaa.

Ne, jotka eivät ylitä jumalkynnystä, vaipuvat kuoltuaan ikuiseen unettomaan uneen. *Taivaspaikka tai ikuinen uneton uni, kummassakaan ei ole kärsimystä.*

Väittelystä

Väittely on hyvä tapa testata ja uudistaa mielipiteitään. Varsinkin, koska *väittely on ainoa kilpailu, jossa häviäjä saa pääpalkinnon* – eli omasta mielestään paremman mielipiteen. Eli väittelyssä ei ole häviäjää, sillä aina kun häviät väittelyn, tulet piirun verran viisaammaksi.

Perustelu antaa väitteelle voiman. Perustelun tulee sisältää loogiset ja mahdolliset empiiriset todisteet.

Väite voi olla itsessään niin voimakas, ettei se tarvitse erillistä perustelua. Joillekin, esim. lapsille, joutuu perustelemaan itsestään selviä väittämiä, mikä voi olla sekin rakentavaa. Myös lapsilta voi oppia.

Jos väite on perusteltu niin hyvin, että lähes kuka tahansa muuttaa sen myötä mielensä, on perustelulla jumalallinen voima. Sellaisilla väitteillä maailmaa muutetaan.

Aina tulee olemaan niitä, jotka eivät muuta mieltään, kun kerran ovat niin päättäneet. Ei auta loogiset, eikä empiiriset todisteet. Tosi fanaatikko ei KOSKAAN muuta mieltään, koska uskoo 100% varmasti olevansa oikeassa.

Jotkut narsistiset fanaatikot uskovat olevansa toisten yläpuolella ja tappion myöntäminen, mielenmuutos osoittaisi heikkoutta ja nakertaisi tämän itsevarmuutta.

Väitteen todennäköisyys olla totta kasvaa mitä useampi ihminen siihen uskoo ja mitä kauemmin.

Silti, vaikka kaikki maailman ihmiset olisivat uskoneet samaan väitteeseen miljoona vuotta, ei väite ole 100% varmuudella tosi.

Ja vaikka väitteeseen uskoo vain yksi ihminen, ei se välttämättä ole epätosi. Todistustaakka toki on tuolla yhdellä ihmisellä.

Jos asia on tapahtunut tai testattu X kertaa, ja joka kerta on tullut sama tulos, eri tulos tulisi $1/X+1$ todennäköisyydellä.

"Kun ihminen puhuu absoluuttista totuutta, hän puhuu Jumalan suulla."

Yksittäinen totuus on osa Jumalaa, joka on kaikki tieto. En siis puhu entiteetistä, vaan abstraktiosta.

Kun ihminen lausuu lauseen, joka on tosi, hän puhuu Jumalan suulla. Tuon lauseen täytyy olla myös mielekäs, järkevä ja uusi. Ei riitä, että lausuu "hauki on kala", joka sinänsä on tosi. Lauseen täytyy rikastaa kulttuuria.

Myös epätodet, fiktiiviset lauseet voivat rikastaa kulttuuria. Epätosienkin lauseiden lausujat voivat ylittää jumalkynnyksen, ja päästä taivaaseen.

On myös ns. "saatanallisia" lauseita, eli valheita, jotka köyhdyttävät kulttuuria ja estävät sen kehitystä.

"Kun ihminen puhuu jatkuvasti absoluuttista totuutta, hänestä tulee Jumala ihmisen ruumiissa."

Jos totuus on jumala, niin olento jonka kaikki väittämät ovat tosia, on Jumala – ainakin psyykkisesti. Ihminen on kuitenkin hyvin hauras olento, vaikka olisikin Jumala ihmisen ruumiissa.

"Kun tunnemme totuuden, tunnemme Jumalan."

Kun tiedämme, että X on tosi, voimme siitä päätellä, että Jumala ajattelee X:n olevan tosi. *Jos kaksi tai useampi tietoisuus ovat asiassa oikeassa, he ovat samaa mieltä.*

Tahdon vapaudesta

Sattuma on illuusio, joka perustuu siihen ettemme tiedä miten maailma toimii.

Ihmiselle sattuma on ilmiö jonka säännönmukaisuutta ei osata selvittää. Kaikissa ilmiöiden aspekteissa on jokin säännönmukaisuus. Luonnossa on lait aivan kaikelle. Sattumaa ei siten voi olla.

Kaikki on siis säännönmukaista. Maailman tila A määrittelee seuraavan tilan B, joka taas johtaa C:hen, jne. Maailman tilasta A ei koskaan voi seurata muuta kuin seuraava tila B.

Jokainen maailman tila antaa olennolle syötteen, joka kuvailee tuon tilan.

Syöte A aiheuttaa olennossa väistämättä reaktion X.

Vapaata tahtoa ei siis ole.

Jokainen askeleesi on määrätty jo aikamme alussa, ehkä jo ennen sitä.

Ihminen on siis pelkkä biologinen kone, kohtalon marionetti.

Helvetissä ei näinollen ole mitään mieltä, miksi tuomita ihminen helvettiin, ellei hän voi itselleen mitään.

Myöskään syntikäsitteessä ei ole järkeä, tarkoittaahan synti rikosta jumalaa vastaan ja miksi jumala rankaisisi ketään yhtään mistään, koska nämä eivät voi itselleen mitään. Rangaiskoot toisiansa, Jumala todennäköisesti ajattelee.

Menneisyyttään ei voi paeta edes Jumala. Myös Hän on kohtalonsa orja. Jumala kuitenkin on luultavasti sinut asian kanssa ja vain toivoo, että hänen aivonsa eivät tekisi raskaita virheitä, pikkumokat sallitaan.

Kuitenkin, jotta oikeusjärjestelmämme voisi toimia, ja ettei jokainen rikollinen voisi syyttää alkuräjähdystä edesottamuksistaan, on *illuusio* vapaasta tahdosta säilytettävä.

Oikeuden edessä ihmisen on katsottava toimineen vapaasta tahdosta, jos teko on perustunut harkintaan ja terveeseen järkeen, jolloin tekijä mahdollisesti joutuu rikosoikeudelliseen vastuuseen.

Jos teon taustalla on merkittävä todellisuudentajun vääristymä, saattaa tekijä joutua tahdosta riippumattomaan hoitoon ennalta määräämättömäksi ajaksi, ainakin Suomessa.

Koska ihminen on kahlittu syyn ja seurauksen lakiin, eivät teot voi määritellä ihmisarvoa. Ihmiselle tulee antaa anteeksi, muttei vapauttaa vastuusta. Se on ihanne, johon yhteiskunnan tulisi pyrkiä.

Jokaisella yksilöllä ihmisarvo on sama, ja se on riippumaton. Sitä ei tarvitse ansaita, eikä sitä saa riistää. Se takaa kaikille samat perusoikeudet ja vapaudet, ja säätää velvollisuudet.

Rikkaalla on vapaampi tahto, kuin köyhällä, koska rikkaalla on enemmän vaihtoehtoja, joista valita, eikä hänen tarvitse ponnistella saadakseen haluamansa, ainakin sen mitä rahalla voi saada.

Voidaan ajatella, että ihmisen tahto on täysin vapaa, kun hän saa sen, mitä tahtoo – ilman ponnisteluja. Mitä enemmän ponnisteluja ihminen joutuu tekemään saadakseen tahtomansa, sitä kahlitumpi hänen tahtonsa on. Aina kun ihminen ei tahdo mitään tai tyytyy siihen mitä on, hän on vapaa.

Toivon, että ihmiskunta pääsisi joskus paratiisiin, siksi esittelen teknologian, joka vie teidät sinne.

Kyse on pitkälle kehitetystä virtuaalitodellisuusteknologiasta, jota kutsun "virtuaaliparatiisiksi".

Paratiisi

Kuvittele laite, joka pystyy huijaamaan jokaista aistiasi täydellisesti.

Kaikki mitä näet, kuulet, tunnet, haistat ja maistat on yhtä todellisen tuntuista kuin "lihamaailmassa", jossa nyt elämme. Mutta siellä asiat tapahtuvat nopeammin, kuin "lihamaailmassa", aikaa syntyy lisää.

Ei tarvitse jonottaa minnekkään, ei tarvitse matkustaa – teleportaatio on normitapa. Kaikki hyödykkeet ovat ilmaisia, ainoastaan maan koko, jonka yksilö voi omistaa, olisi rajallinen.

Hyödykkeet ilmaantuvat esiin välittömästi, kun asukas niitä toivoo.

Ihminen voi ruokkia turhamaisuuttaan rajattomasti. Tämä voi valita miltä itse näyttää, mutta myös esim. oman aviopuolison ulkonäön, suhteessa itseensä.

Ulkoinen kauneus kokee melkoisen inflaation, kun kaikki voivat olla kauniita. Ehkä vasta sitten aletaan arvostamaan sisäistä kauneutta, sen vaatimalla tavalla.

Koska siellä ihmisen tahdolla on suurin mahdollinen vapaus, voidaan puhua paratiisista. Useimmat asiat tapahtuvat siellä ihmiselle ilman ponnisteluita. Jos ihminen tahtoo julkaista jotain, hänen täytyy ponnistella, harjoitella, käydä kouluja, tehdä työtä jne.

Tietysti herää kysymys, tekeekö kukaan mitään työtä, jos kaikki on ilmaista?

Ei ole suotavaa, että suurin osa ihmisistä ei tee työtä. Heidän motivoimiseksi on kenties pakko luopua tietystä määrästä vapautta ja määrätä pieni määrä (1-4h/vrk) työtä pakolliseksi. Olkoon heidän palkkansa oman työn hedelmä ja paikka paratiisissa.

Saattaa kuitenkin olla, että vapaaehtoisen työn tekijöiden määrä riittää pitämään kehityksen nopeuden ja laadun vähintään samalla tasolla, kuin nyt, jolloin suuri osa ihmisistä voi vetää lonkkaa ja nautiskella elämästä.

Paratiisissa on huomattavasti vähemmän erilaisia töitä tarjolla, koska fyysistä työtä ei tarvitse tehdä. Siellä työt liittyvät vankasti teoksiin, ts. sisällöntuotantoon. Ihminen voi tehdä tiedettä, taidetta ja komiikkaa, tai pelata pelejä ammatikseen.

Monet, ellei suurinosa ihmisistä, joille olen paratiisi-idean esittänyt, ovat vastustaneet ideaa ja väittäneet valitsevansa "lihamaailman", koska paratiisissa "takaraivossa on koko ajan ajatus, ettei tämä ole todellista".

Ei sen ole tarkoituskaan tuntua todelliselta, siis nykyiseltä todellisuudelta, vaan ulottuvuudelta jossa kaikki on paremmin kuin hyvin, lähes täydellisesti.

Joku voisi moittia systeemiä todellisuuden paoksi.

Vallitsevaa todellisuutta on ehkä syytäkin paeta, miksi valita rajoittuneempaa?

Ja ei sinne ole pakko mennä, jos ei huvita. Mikä paratiisi se olisi, jos sinne olisi pakko mennä.

Sanakirjan mukaan "paratiisi" tarkoittaa ihanteellista paikkaa elää. Eikä paratiisi voi olla paratiisi, jos se on kaikille täsmälleen samanlainen. Sillä toiselle paratiisi voi olla toiselle helvetti, hieman kärjistäen. Paratiisissa, jokainen voi asua omassa maailmassaan ja välillä käydä face-to-face sosialisoimassa, tai miten vaan.

Virtuaaliparatiisi mahdollistaa valtavan määrän asioita, joista luettelen muutamia.

1. Oman ulkonäön vapaa muokkaaminen, myös epä-ihmismäiset muodot ovat mahdollisia. Jos käyttäjä on haluton suunnittelemaan uutta ulkomuotoaan aivan alusta loppuun, mikä on melkoinen urakka, on käyttäjän mahdollista valita avatar kataloogista, jossa on tuhansia kasvoja, hiuksia ja var-

taloita. Käyttäjä voi järjestellä kataloogia erilaisten tunnisteiden avulla. Käyttäjä syöttää ohjelmaan tageja, ja ohjelma järjestää ylimmäksi tiedostot, joissa on eniten syötettyjä tageja.

2. Vaatevarasto on massiivinen, ja uusia vaatteita ja tyylejä kehitellään jatkuvasti. Vaatteita ei tarvitse pukea ylle, vaan ne tulevat käyttäjän ylle ilman huomattavaa viivettä. Käyttäjä voi valita kataloogissa olevista sadoista asukokonaisuuksista mieleisensä ja määritellä pelkästään värit. Tai sitten hän voi suunnitella tyylinsä alusta alkaen.

3. Kansalainen voi valita olevansa alasti, mutta ne, joita alastomuus häiritsee, näkevät vaatteet hänen päällään. Mutta miksi alastomuus häiritsisi? Jokaisella on mahdollisuus olla kaunis, eikä kaunista vartaloa tarvitse kätkeä. Myöskään sään vuoksi vaatteita ei tarvitse. Uskonkin, että paratiisissa ihmiset elävät alastomina. Se on nudistinen, luonnonmukainen yhteiskunta.

4. Valtavien ruokamäärien ahmiminen ilman lihoamisen tai muiden terveysriskien vaaraa, ja ilman kylläisyyden tunnetta.

5. Liikkuminen paikasta toiseen tapahtuu valinnaisella tavalla, lentäen, sukeltaen tai vaikka silmänräpäyksessä.

6. Liikuntaa ei tarvitse harrastaa, ainakaan terveyssyistä.

7. Kipua ei tarvitse tuntea, jos niin on asetettu

8. Kuluneet asiat korvaantuvat uusilla aina tietyin aikavälein, jos niin on asetettu. Tuo aikaväli voi olla vaikka sekunti. Jos johonkin tulee naarmu, niin se korjaantuu sekunnin kuluttua.

9. Jos joku ahdistelee toista, tämä voi sulkea ahdistelijan pois elämästään. Kumpikin lakkaa olemasta kummallekin. Tuo toimenpide voi olla ikuinen tai määräaikainen. Käyttäjä voi antaa ahdistelijalle mahdollisuuden oppia käyttäytymään, esimerkiksi vuoden verran. Tuon ajan kuluttua ahdistelija saa

tilaisuuden osoittaa kehittyneensä.

10. Paratiisissa on monia maailmoja, joissa ihmiset voivat elää yhdessä.

Paratiisi on anarkistinen yhteiskunta. Siellä ei ole minkäänlaista ihmisen harkinnan varassa olevaa hallintoa. Hallintoa ja oikeuslaitosta ohjaa kone. Kone päättää kuka joutuu rangaistuksi. Kone noudattaa täydellisesti laissa määrättyjä eettisiä ohjeita. Se on täysin puolueeton.

Paratiisissa ei ole rahaa. Materiaalisesti ajatellen, kukaan ei ole rikkaampi, kuin toinen. Geneettiset erot nousevat yhä selvemmin esiin.

Virtuaaliparatiisi on vesipallo, jossa jokaisella on oma saarensa, josta voi rakentaa juuri sellaisen kuin tahtoo. Kun vesipalloon tulee lisää saaria, se kasvaa, saarien pysyessä samalla etäisyydellä toisistaan. Pallon vesi on digitaalisesti rikastettua merta. Eli siellä olisi luonnollisten olentojen lisäksi myös mielikuvitusolentoja, kuten merenneitoja.

Saarilla voi asua minkä tahansa kokoisia yhteisöjä, joiden asukkaat jakavat saman arvomaailman.

Paratiisissa on monenlaisia pelejä, joihin verrattuna nykyiset pelit ovat alkeellista näpertelyä. On erilaisia pelimaailmoja, joita voi koluta vuodesta toiseen, yksin tai porukassa.

Uskon, että jos on olemassa taivasten valtakunta, niin se on hyvin samanlainen virtuaaliparatiisin kanssa. Paratiisi on aina paratiisi.

Teknologia siis toisi taivasten valtakunnan maan päälle, ja sen myötä häviäisi rikollisuus, sodat, materiaalinen epätasa-arvo, jne.

Virtuaaliparatiisi vähentää ihmisen luonnolle aiheuttamaa painolastia huomattavasti, kun useimpien kesto- ja kertakulutustuotteiden tarve kokonaan poistuu tai vähenee radikaalisti.

Koska rahan tarve poistuu, kun maanpäällinen paratiisi syntyy, en näe mitään syytä säästellä sen kehittämiseen suunnattuja varoja, vaan päinvastoin, jos olisin rikas, sijoittaisin lähes kaikki varani siihen, koska sen valmistuessa ihminen on niin rikas, kuin vain olla voi, omistamatta penniäkään. Ja samalla luonto säästyy ihmisen kerskakulutukselta.

Paljonko maksaa sellainen kone, jonka avulla voi kokea mitä vain? Ei välttämättä mitään, koska kun rikkaalla on sellainen, ei hän juuri muuta tarvitse ja voi lahjoittaa paikan paratiisissa niin monelle, kuin on mahdollista ja järkevää.

On järkevää jakaa paratiisin vaatimaa laitteistoa vasta, kun laitteisto säästää luontoa enemmän, kuin saastuttaa sitä. Ekologinen hyötysuhde täytyy arvioida yksilökohtaisesti. On luonnon kannalta järkevämpää olla antamatta laitetta yksilölle, jos laite kuluttaa enemmän kuin yksilö. Tämä tietenkin karsii potentiaalisia paratiisin asukkaita. Optimistina uskon kuitenkin, että hyvinvoinnin lisääntyminen lopulta vie kaikki ihmiset paratiisiin.

Paratiisi on eräänlainen huume, jonka avulla ihminen pakenee kaikinpuolin köyhempää todellisuutta, "lihamaailmaa". Kun ihminen kerrankin kokeilee paratiisia, jää hän siihen hyvin varmasti koukkuun.

Paratiisissa on muutamia heikkouksia.

1. Se rappeuttaa kehoa, surkastuttamalla lihakset, kun keho ei saa liikuntaa. Ulkopuolista pakkoa liikunnalle ei välttämättä tarvitse olla.

Jokainen voi kohdallaan miettiä, kuinka tärkeää liikunta on keholle, vaikka se voi tuntua tylsältä. Ehkä teknologian avulla voidaan liikuntavälineistä tehdä miellyttävämpiä käyttää. Tai jopa niin, että tietokone ohjaa ihmisen lihaksistoa ja keho harrastaa liikuntaa, kun mieli on paratiisissa.

2. Se laiskistaa ihmisiä, kun kaiken saa niin helpolla.

Ehkä ihminen alkaa arvostamaan aineettomia asioita enemmän, kun kaiken saa heti ilmaiseksi. Myös kauneus kokee suuren inflaation, kun kaikki voivat olla niin kauniita, kuin vain keksivät.

3. Ihmisellä saattaa olla jatkuvasti ahdistava olo, kun takaraivossa sykkii ajatus: "tämä kaikki on keinotekoista."

Paratiisi on luultavasti hyvin erilainen, kuin lihamaailma. Ero niiden välillä on valtava. Se, että kaikki on niin erilaista, saa ihmisen sopeutumaan paremmin tuohon ilmeiseen ajatukseen.

Mind-upload

Virtuaaliteknologian päätepysäkki on mind-upload tekniikka, jossa ihmisen tietoisuus kopioidaan koneen muistiin.

Kyse on siis tietoisuuden kopioimisesta, eikä siirtämisestä. Itse biologinen ihminen jää lihamaailmaan.

Kun biologia ei enää rajoita ihmistä, vaan tämä on kasa bittejä, hän voi kehittyä fyysisesti periaatteessa rajattomasti. Hän voi esim. kasvattaa aivokuortaan helposti tuhat kertaiseksi.

Hän voi kasvattaa useita uusia raajoja, joita hallitsee yhtä hyvin kuin nyt kahta kättään. Hän osaa soittaa kymmeniä soittimia yhtäaikaa.

Kun aivoja tehostetaan, jolloin havaitsemme ja reagoimme huomattavasti nopeammin, aikakäsityksemme muuttuu ja aika ikäänkuin venyy. Sekunti aitoa aikaa vastaa minuuttia tehostettua aikaa, esimerkiksi. Vuosista tulee vuosisatoja, jne.

Eräs ongelma on, että jos ihmisten aika kulkee eri nopeudella, voi käydä hankalaksi kommunikoida, kun huomattavasti nopeampiälyisempi joutuu odottamaan hitaammin toimivaa ihmistä.

Eräs ratkaisu olisi tehdä älyn lisääntymiselle asteikko, jossa eri tasoiset toimijat ovat jaettu omiin luokkiinsa. Olisi kenties syytä asettaa raja, jota korkeammalle ei voi kehittyä – muutoin kuin yksi valittu henkilö.

Koska resursseja, joilla aivoja tehostetaan, on rajallinen määrä, järkevintä olisi valita joku kuningas, tietäjä, jolta muut voisivat sitten oppia. Olisi järkevää laajentaa tuon viisaan ihmisen aivoja enemmän, kuin muiden aivoja.

Hänestä tulisi oraakkeli ja opettaja, jolta voi kysyä lähes mitä tahansa ja joka näyttäisi tietävän lähes kaiken. Hänellä olisi kuitenkin vielä paljon tekemistä ja oppimista ennen aikamme loppua. Jopa hänkin on kehittyvä ja epätäydellinen. Hänen tavoitteena on oppia ja osata kaikesta kaikki.

Mind-upload teknologian avulla ihmiskunnan tärkeimmät osat voidaan siirtää tietokoneen muistiin, ja ihminen pääsee eroon biologisen olomuodon heikkouksista menettämättä mitään.

Paratiisissa materiaalinen, psyykkinen ja fyysinen hyvinvointi on optimaalisella tasolla.

Ihmisestä tulee lähes kuolematon, sikäli kun kuluneet ja hajonneet tietotekniset komponentit korvataan uusilla aina tarpeen mukaan ja energiantarpeesta huolehditaan. Komponentit rakennetaan niin kestäviksi ja kierrätettäviksi, kuin mahdollista.

Kuolemattomuudella tarkoitan tässä tapauksessa sitä, että ihminen saa itse valita milloin ja miten kuolee. Paratiisissa on kuitenkin mahdollisuus herätä kuolleista, kun asetetut ehdot täyttyvät.

Kuolleena oleminen vastaa unettomassa unessa olemista, eikä kuolleena ollut huomaa ajan kuluneen. Kysymys automaattisesti herää: voidaanko silloin edes puhua kuolemisesta, kyse on kuitenkin unettomasta unesta. Riippuu ehdoista, jos ne eivät täyty, ihminen nukkuu ikuisesti. Kuolee lopullisesti.

Kun ihmisen tietoisuus ja keho ovat sähköisiä, voidaan niitä tutkia ja manipuloida huomattavasti paremmin.

Jos sähköiselle ihmiselle tulee tarve vierailla lihamaailmassa, hän voi ottaa hallintaansa ihmismäisen robotin, jolla on kaikki aistit mitä ihmisellä on. Tuo robotti on kulkuneuvo, jolla ihminen matkustaa lihamaailmassa.

"Ihmisen olisi hyvä tietää jostakin lähes kaikki, ja lähes kaikesta jotain."

Kaikki kärsimys johtuu ihmisten ymmärtämättömyydestä.

Kun ihmiskunta saavuttaa riittävästi ymmärrystä, kärsimys lakkaa. Kaikki taudit voitetaan, kaikki katastrofit osataan torjua, maailman laajuinen rauha saavutetaan.

Kärsimys ehkä loppuu joskus, mutta ymmärrys lisääntyy luultavasti ajan tappiin asti.

Kärsimys siis EI johdu saatanasta tms. syntipukista, jonka niskaan ainakin kristinuskossa kaikki kärsimys kaadetaan.

Miksi Jumala ei esittäydy?

Jumala voisi poistaa kärsimyksemme, mutta hän ei tee sitä, koska yhteiskunnan jokainen kehitysaskel ja aikakausi on tärkeä, ne tuottavat omanlaisia teoksia, eikä Jumala tahdo hypätä niitä yli. Hän soveltaa vapaan kasvatuksen metodia meihin. Jos hän muuttaisi jotain, asioiden luonnollinen kulku häiriintyisi, ja sitä Jumala ei tahdo.

Jumala ei rakasta meitä, eikä välitä meidän kärsimyksistä, koska olemme hänelle vain kasa bittejä. Rakastakaamme toisiamme. Jumalan varaan ei kannata laskea.

Sielu

Käsite "sielu" vaikuttaa olevan kovin vaikeasti kuvailtava jopa korkeasti koulutetuille teologeille. He eivät oikein tiedä mitä se on ja missä se on.

Silti muutama miljardi ihmistä uskoo heillä olevan sellainen, ja että se menee kuoleman jälkeen taivaaseen ikuisiksi ajoiksi.

Surdismin mukaan sielu on ne teokset, jotka ovat ihmisen sisällä. Ne ovat kaikista tärkein osa ihmistä, koska ne ovat tie kulttuurin rikastamiseen. Mieli, joka teokset luo, on osa sielua.

Maailma antaa inspiraation ihmiselle ja tämä tulkitsee ilmiötä persoonalleen ominaisella tavalla, tuottaen enemmän tai vähemmän yksilöllisen syötteen. Se voi olla puhetta, kirjoitusta, tanssia, musiikkia, yms.

Tieto, jonka aistiemme avulla maailmasta saamme, joko a) lievittää tuskaamme, b) poistaa sen kokonaan, c) lisää sitä, d) lisää nautintoamme, e) inspiroi meitä, f) ei vaikuta meihin mitenkään.

Sama päteen kaikkeen mitä maailmalle tuotamme.

Joku on sanonut, että elämän tarkoitus on löytää elämälle tarkoitus.

Olen samaa mieltä, se pitää paikkansa niin yksilötasolla, kuin yhteisölliselläkin tasolla.

Jotkut sanovat, että elämän tarkoitus on elämä itsessään. Jotkut väittävät, ettei elämällä ole tarkoitusta.

Mielestäni tarvitsemme elämälle jonkin suuremman tarkoituksen, jonkin suuremman tavoitteen.

Tuon tavoitteen tulisi palvella ihmistä parhaalla tavalla. Se pitäisi olla myös tavoittamattomissa oleva tavoite. Esimerkiksi avaruuden valloittaminen ei ole korkein tarkoitus, koska se voidaan saavuttaa, jonka jälkeen ei olisi enää mitään tavoiteltavaa.

Elämän tarkoitus

Kulttuurin rikastaminen on paras vaihtoehto korkeimmaksi tavoitteeksi, koska se palvelee ihmistä ja mahdollista Jumalaa parhaalla tavalla ja on tavoittamattomissa, koska kulttuuria voi aina rikastaa lisää – kunnes kaikki arvokas tieto kaikista mahdollisista maailmoista on uutettu, jonka jälkeen ei ole enää mitään saavutettavaa. Ellei noita maailmoja ole loputtomasti.

Kulttuurin rikastaminen tarkoittaa maailman parantamista. Kulttuuria on kaikki ihmisen tuottama.

Mitä paremmin yksilö palvelee tuota tarkoitusta, sitä korkeammaksi hänen hyötyarvonsa kasvaa ja sen suurempi palkkio hänelle kuuluu.

Mitä korkeampi hyötyarvo yksilöllä on, sitä vaikeampi hänet on korvata. Ihmisestä voi tulla yhteisölle korvaamaton.

Yksilön tarkoitus on näin siis sama, kuin koko yhteisön.

Jokainen, joka tekee jotain yleishyödyllistä, palvelee elämän tarkoitusta. Ei tarvitse luoda teoksia ollakseen osa yhteiskuntaa.

Ihmisellä on myös sosiaalinen arvo, joka voidaan mitata ihmisissä jotka hänestä pitävät tai rakastavat. Ihmisissä, joille hän on tärkeä tai korvaamaton.

"Ihmisen teko, ominaisuus tai mikä tahansa muu asia on hyveellinen, jos se ylläpitää tai edistää olentojen välistä ja sisäistä harmoniaa ja hyvinvointia."

Moraalin tarkoitus on, että ihminen suojelee muita omalta itseltään, auttaa niitä, jotka ovat hädässä ja pitää kykyjensä mukaan huolta itsestään.

Laki asettaa vähimmäismoraalin. Mutta ei pidä mennä aina siitä yli mistä aita on matalin, vaan on tavoiteltava suurempaa hyveellisyyttä, niin yksilöinä, kuin yhteisönäkin.

Kaikki rikolliset eivät ole pahoja, eivätkä kaikki pahat ole rikollisia.

Kun opimme mitä on rakkaus, on meille helpompi rakastaa, niin järjellä, kuin tunteellakin.

On siis tunteeseen perustuvaa rakkautta, ja järkeen perustuvaa rakkautta.

Hyveellisyydestä ja moraalista

Tunteeseen perustuvalla rakkaudella rakastat jotain ihmistä, koska hän mielestäsi ansaitsee tulla rakastetuksi, hän täyttää vaatimukset.

Järkeen perustuvalla rakkaudella rakastat toista, ilman, että hänen tulee ansaita se, puhutaan lähimmäisen rakkaudesta.

Kaikkia ei voi rakastaa tunteen tasolla, mutta kaikkia voi rakastaa järjen tasolla. Kaikille voi olla ystävällinen.

Tunteen tasolla et pysty rakastamaan murhaajaa, ellei tämä ole sinulle läheinen. Vihaat murhaajaa, kunnes sinulla on riittävästi viisautta.

Kun ymmärrät murhaajaa, voit rakastaa häntä tai ainakin antaa anteeksi.

Rakkaudesta

Ymmärrys ei kuitenkaan ole rakkauden tae, *ymmärrys antaa rakkauteen paremman mahdollisuuden.* Rakkaus alkaa ymmärtämisestä. Ja tuo ymmärtäminen alkaa yleensä lapsena.

Rakkaus on epäitsekkäitä tekoja, joista ei odoteta mitään vastineeksi.

Teot vaativat aina uhrauksia, aikaa, vaivaa, rahaa, yms. resursseja.

Rakkauden mitta on siinä, kuinka paljon resursseja ihminen uhraa rakkauden kohteen hyväksi.

Ihminen voi rakastaa olentojen lisäksi myös jotain harrastusta, työtä, kulttuuria tai jotain esinettä.

Itsekkään ihmisen näkökulmasta rakkaus on enemmän tai vähemmän tietoista tyhmyyttä. Miksi tehdä mitään kenenkään hyväksi ilman omaa etua.

Rakkaus on luopumista itsestään, uhrautumista. Tämä pitää paikkansa myös esineen kohdalla. Mitä enemmän uhraat aikaasi esineen ihailuun ja hoitamiseen, sitä enemmän sitä rakastat.

Jos teet uhrauksen toisen hyväksi, ilman minkäänlaista palkkion tavoittelua, on tekosi hyveellisyyden maksiimi, puhdasta rakkautta. Maksiimin alapuolella on kaikki itsekkäät teot. Niitä on montaa laatua. Pieni itsekkyys ei ole pahasta. Ihmiseltä ei tule vaatia täydellisyyttä. Ihminen voi vaatia täydellisyyttä vain itseltään.

Rakkaus on voima sinun sisälläsi. Voit yrittää siirtää tuota voimaa toiseen ihmiseen tekemällä rakkauden tekoja, rakkauden osoituksia.

Rakkaus on osa sieluasi. Se on sielussasi se positiivinen voima, joka voi muuttaa vihollisen ystäväksi. Rakkaus on tunteen lisäksi myös taito, jossa voi tulla paremmaksi.

Mitä paremmin yksilö ymmärtää toisia, sen todennäköisemmin hän rakastaa heitä tai ei ainakaan vihaa. Ymmärrys siis johtaa rauhaan, parhaimmillaan rakkauteen.

Viisaus ei ole tae hyvälle käytökselle. Viisaus ilman tahdonvoimaa toteuttaa sitä on arvotonta.

Suurin ymmärrys mahdollistaa suurimman rakkauden.

Jeesus oli mestari rakkaudessa. Hänen asenteensa ja periaatteensa olivat täydellisiä. Ainakin sellainen kuva minulla hänestä on. Eikä sillä, oliko Jeesusta koskaan olemassa, ole minulle merkitystä. Hänen legenda asettaa ihmisenä olemiselle ihanteen, jota on vaikea saavuttaa ja joka vaatii valtavasti sisäistä voimaa. Hän rakasti kaikkia ihmisiä heidän teoistaan huolimatta.

Ehkä Jeesuskin oli ymmärtänyt, ettei ihmisellä ole vapaata tahtoa ja tuon tosiasian seuraukset. Ehkä siksi hän pystyi antamaan anteeksi murhaajallekin ja rakastamaan tätä.

Uskon kuitenkin, että Jeesuskin olisi suosinut vankiloita tms. inhimillisiä rangaistuskeinoja, sikäli kun siihen aikaan oli vankiloita. Hän varmasti ymmärsi, että ilman niitä jotkut eivät noudattaisi lakia.

Jos Jeesus ymmärsi ihmistä ja antoi tälle anteeksi, miksi Jumala olisi yhtään sen tyhmempi. Myös Jumala tietää, ettei mitään syntiä ole olemassakaan, vaan hänen luomansa universumi ja sen olennot toteutuvat täsmällisten ja pysyvien lakien määräämänä. Ihmisen kärsimyksellä ei ole hänelle merkitystä.

Totuus vapauttaa, nimittäin synnin taakasta.

Wikipedia sanoo kohtalosta:

"Jotkut ajattelevat, että kohtalo tarkoittaa sitä, että ihminen toimii mekanistisesti syyn ja seurauksen lakien mukaan kuin kone, ja siksi seuraa ennalta määräytynyttä maailman viivaa. Toisille kohtalon aikaansaa henkiolento, joka pyrkii tuottamaan ihmiselle tai asialle haluamansa kaltaisen tapahtumahistorian, vaikka tämä haluaisi muuta.

Ihmisen kohtalo saattaa joidenkin mielestä määräytyä esimerkiksi syntymähetkellä, toisten mukaan se on määräytynyt jo maailman syntyessä. Voidaan ajatella että on olemassa yksilön kohtalo, mutta myös suurempia, kuten kansakuntien tai maailman kohtaloita, joihin yksilön kohtalo nivoutuu."

Uskon vahvasti kohtaloon. Uskon, että kaikki tapahtuu väistämättä. Kaikki keksinnöt ovat aina olleet olemassa ideatasolla, ennen toteutumistaan.

Kohtalo

Maailmalla on tahto. Muoto, jollaiseksi se tahtoo kehittyä. Tuossa muodossa on jotain säilyttämisen arvoista, muu vaipuu unholaan.

26 | Teknologinen evoluutio synnyttää jokaisessa kultturissa samat keksinnöt, suunnilleen samassa järjestyksessä, suunnilleen samaan aikaan. Jokainen kulttuuri ja ihminen on osittain erilainen, osittain samanlainen. Ne samanlaistuvat vanhetessaan.

Biologinen evoluutio tavoittelee yhä suurempaa älykkyyttä ja etenee suhteellisen samanlaisesti eri planeetoilla. Maailma pyrkii muuttumaan yhä älykkäämmäksi. Uskon, että toisilla planeetoilla elämä on hyvin samanlaista, kun meillä. En ihmettelisi, jos tuon kaukaisen maailman asukkaat olisivat ihmisiä, siinä missä mekin.

Meidän täytyy rakastaa toisten planeetojen älykköjä, joita kutsumme tällä hetkellä muukalaisiksi. "Muukalainen" on vihamielinen sana, parempi olisi "avaruusolento", tai vielä parempi, "ihminen".

Meidän ei tule suhtautua heihin vihamielisesti. Ja jos meitä tuhansia vuosia edellä oleva sivilisaatio tahtoisi meille pahaa, emme mahtaisi heidän teknologialleen mitään. Sikäli, kun he ovat säilyttäneet aseita.

Heillä kaikilla tulee olla samat oikeudet kuin meillä – ihmisoikeudet. Tiedollisella kehitysasteella ei tulisi olla merkitystä, luolamiehilläkin on ihmisoikeudet.

Jumala

Erään määritelmäni mukaan, Jumala on totuus, kaikki tieto ja viisaus. Kuten tiedon määrä, kaikki on äärellistä, joten kaikki arvokas tieto on teoriassa mahdollista saavuttaa. Tieto on arvokasta, kun se parantaa maailmaa. Myös taru voi parantaa maailmaa. Totuus kuitenkin rikastaa kulttuuria eniten.

Toisen määritelmäni mukaan Jumala on korkein taitotaso. Olento (tai laji) on Jumala vasta, kun osaa luoda uuden universumin.

Maailma siis paranee tiedon myötä, ja kun voidaan sanoa, ettei kukaan ihminen enää kärsi, on maailma parantunut. Jumalakin on joskus ollut vasta-alkaja.

Rakkaudella ja viisaudella ansaittu kunnioitus on arvokkaampaa, kuin pelolla ja tyrannialla ansaittu kunnioitus.

Vallasta

Valtaa ei koskaan pitäisi olla enempää, kuin viisautta. Viisaus on kuninkaan tärkein ominaisuus. Viisain hallitkoon.

Hullun ja neron ero

Hullu ja nero ajattelevat asioita joita muut eivät ajattele, ero on siinä, että hullu on väärässä ja nero oikeassa. Kuitenkin, nero on hullun asemassa niin kauan kun on ajatustensa kanssa yksin. Jos ja kun nero saa kannatusta ajatuksilleen, hänen hulluutensa vähenee, ja lopulta hän ei ole hullu lainkaan, vaan uudistaja.

Jeesuksen sanat

Jeesuksen kerrotaan sanoneen: "olen tie, totuus ja elämä". Löysin jo vuosia sitten tuosta lauseesta viestin, joka liittyy surdismiin.

Tie totuus elämä voidaan nähdä muodossa Tieto t uus elämä. Se liittyy jumalkynnykseen. Kun ihminen luo teoksen (tieto), jolla ylittää tuon kynnyksen ja sitten kuolee, t merkitsee ristiä, eli kärsimystä ja kuolemaa, hän saa uuden elämän taivaassa, enkelinä.

Jos minä olisin Jumala, olisi tuo kynnys suhteellisen alhainen ja ottaisin luokseni kaikenlaisia hyviä tiedon tuottajia. Heidän ei tarvitse olla edes mestareita. Kunhan näkisin heissä potentiaalia olla joskus enkeli.

Surdismin suurimmat käskyt ovat:

1) Surdismin nimissä ei saa käyttää minkäänlaista väkivaltaa.

2) Ketään ei saa pakottaa uskomaan Surdismiin.

Nimeni on Jan Miroslav Kauppinen, eli nimikirjaimeni ovat JMK. Ilman tuota M-kirjainta, nimikirjaimet ovat JK. Isäni nimi oli Jouni ja äitini kolmas nimi on Maria.

Nimeni, Miroslav, tarkoittaa maailman ja rauhan rakkautta. Mir on venäjää ja tarkoittaa maailmaa ja rauhaa. Lav on foneettista englantia ja tarkoittaa rakkautta.

Länsimaisessa horoskoopissa olen leijona ja kiinalaisessa tulilohikäärme.

Olen ollut nyt yli 20 vuotta erilaisissa mielisairaaloissa. Minulle syötetään paljon "lääkkeitä", jotka vakavasti haittaavat ajatteluani, kirjoittamistani ja kitaran soittoani.

Olen lahjakas ajattelija ja kitaristi, eikä lääkkeistä ole minulle muuta kuin haittaa.

Kenen etu on estää minua, kysynpähän vain. Järkevämpää olisi tukea minua.
Kerron seuraavaksi, miksi olen ollut väärinkohdeltu.

Via dolorosa

Ennen surullista tarinaani kerron erään asian mummostani. Olin vuonna -98 vajonnut syvään masennukseen. Eräänä päivänä kerroin mummolleni, jonka kanssa meillä oli ollut paljon riitaa, että tahdoin kuolla. Seuraavana aamuna keskellä keittiön pöytää oli nitropurkki, eikä mitään muuta. Mummo oli epätavalliseen tapaan pois jo heti aamusta, ja tuli kotiin vasta melko myöhään illalla.

Tietenkin, on mahdollista, että nitropurkki, mitä en koskaan aikaisemmin ollut nähnyt, oli unohtunut pöydälle sattumalta.

Eräänä kertana kun riitelimme, mummo huusi, että tappaisi minut jos voisi.
Näistä ja monista muista syistä uskon että mummo vihasi minua kuin ruttoa ja teki kaikkensa minua vahingoittaakseen, joutumatta itse kuseen.

Psykiatrien ja hoitajien muodostama systeemi on toiminut mummon koston välineenä. Uskon vahvasti niin. En kuitenkaan usko, että hoitosysteemi on tietoisesti pyrkinyt vahingoittamaan minua. Mutta tosiasia on, että hoidostani on minulle enemmän haittaa, kuin hyötyä.

Elettiin 1900-luvun loppua...

Eräänä päivänä sain tietää mummoni ilmoittaneen poliisille, että minulla on "kämppä täynnä huumeita". Tosiasiassa poliisi oli löytänyt asunnostani puoli grammaa hasista.
Se oli hänen ensimmäinen väärä ilmianto, jolla hän rikkoi raamatun 9. käskyä, ainakin minun mielestä ja oli myös alku maineeni ja elämäni tuhoutumiseen. Poliisi ei noteerannut tuota lainrikkomusta millään tavalla. Ehkä se ei sitten ollutkaan väärä ilmianto.

Kun seuraavana päivänä menin soittamaan kitaraa mummolle, hän ei avannut oveaan. Jäin rappuun soittelemaan kitaraa, jota olin harjoitellut vasta muutaman kuukauden ja silti soitto oli alkanut jotenkuten kulkemaan.

Pian kaksi poliisia nouti minut rapusta ja vei asemalle kuulusteltavaksi.

Mummoni oli ilmiantanut minut ja ystäväni, väittäen, että olin ostanut huumeita ystävältäni. Mikä ei edes pitänyt paikkaansa, ystäväni oli tarjonnut muutaman kerran "paukut" eli annokset hasista, siinä kaikki.
Se oli toinen väärä ilmianto, tai ainakin yritys saada minut (ja ystäväni) vaikeuksiin.

Kuulustelussa poliisi yritti udella jotain ystävästäni, mutten kertonut yhtään mitään. Sen sijaan sanoin, että "jättäkää ystäväni rauhaan, niin annan teille yhden nimen". Ja sitten ilmiannoin erään rikollisen, mikä tietenkin oli äärimmäisen tyhmä ratkaisu, josta olen saanut kärsiä melkoisesti.

Olen monta kertaa ihmetellyt, että olen edelleen hengissä, paljon vähemmästäkin on ihmisiä tapettu.

Mielenkiintoista oli se, mitä koin ollessani poliisiaseman putkassa.

Ensinnäkin putkan vessanpöntössä oli terävä kaljapullon sirpale, ihan kuin odottamassa, että viillän ranteeni auki. Se kuullostaa toki vainoharhaiselta.

Todennäköisempi syy, ainakin muutaman ystäväni mielestä, oli että joku toinen pidätetty oli jotenkin onnistunut salakuljettamaan kaljapullon juuri siihen selliin, mihin minut vietiin, ja pullo oli pudonnut tämän kädestä ja lasinsirpale oli sattumoisin lentänyt vessanpönttöön, eikä poliisi tai kuka lienee sellin siivonnut ollut huomannut katsoa sinne.

Toiseksi, jonkin aikaa putkassa oltuani, hengittäminen alkoi käydä raskaammaksi ja raskaammaksi. Aloin huutamaan ja jyskyttämään sellin ovea, mutta ketään ei tullut.

Kävi entistä vaikeammaksi hengittää. Aloin todella hätääntymään.

Sitten huomasin, että oven päällä oli ilmanvaihtoaukkoja. Pääsin kiipeämään ja näin aukoissa olevan paperia sullottuna.

Nimenomaan Helsingin Sanomista rytättyä paperia, huomasin.

Kiskoin paperit pois aukoista, ja hengittäminen helpottui heti. Lähes samalla hetkellä ovi avautui, ja kaksi poliisia kyseli "mitä sä täällä oikein hakkaat ovea?", tai jotain sen suuntaista.

Mietin, miten joku vanki voi saada käsiinsä hesaria? Ja miksi hän tukkisi ilmanvaihto-aukot?
Oma mielipiteeni asiasta on, että poliisi oli tukkinut ilmanvaihto-kanavat.

Eräs selitys erään ystäväni mielestä on, että sellissä oli ollut joku paranoidi henkilö, joka pelkäsi että ilmanvaihtokanavista tulee myrkyllistä kaasua.

Kolmanneksi, putkan valo oli hiton kirkas ja piti omitusta, voimakasta sirisevää ääntä. En pystynyt nukkumaan. Melko nerokas kuulustelu- tai jopa kidutustekniikka, mikä luultavasti kuitenkin on vainoharhaista. Todennäköisempää oli, että lamppu vain veteli viimeisiään ja minut laitettiin sattumalta juuri siihen selliin, jonka lamppu oli hajoamispisteessä, vessanpöntössä lasinsirpale ja ilmanvaihtokanavat tukossa.

Seuraavaksi kerron päivästä, josta elämäni lähti syöksykierteeseen, jolle ei ole vieläkään loppua siunaantunut.

Illalla menin tavalliseen tapaani paikalliseen kuppilaan pelaamaan biljardia ja juomaan muutaman oluen.

En ehtinyt olutta puoleen väliin, kun eräs alamaailman edustaja hyökkäsi kimppuni nimittäen minua "valtion kätyriksi". Sana oli kiirinyt.

Minut kirjaimellisesti heitettiin ulos baarista. Katu oli jäässä, ja oli taidonnäyte pysyä pystyssä.

Pelästyin pahanpäiväisesti. Juoksin henkeni edestä kilometrin päässä olevalle bensa-asemalle. Bensa-aseman myyjä soitti poliisit paikalle, ja he veivät minut kotiin. Tupakat jäivät baariin.

Kotiini päästyäni aloin pelkäämään todenteolla. Aloin voimaan fyysisesti pahoin, ja minut valtasi pakokauhu. Ajattelin, että jos jään kotiin, "ne tulee ja tappaa minut". Ovisilmäkin oli koverrettu pois.

Lähdin siis pakoon kotoani, mummon luokse, joka asui vastapäisessä talossa.

Mummo päästi minut sisään, ihme ja kumma. Meillä oli ollut paljon riitaa.

Kerroin hänelle mitä baarissa oli tapahtunut, ja hän sanoi lähtevänsä "selvittämään asiaa". Olin janoissani hakenut lasillisen vettä, ja kun mummo ei uskonut, kun kielsin häntä lähtemästä selvittämään asiaa, heitin lasin patteriin – en siis tähdännyt häntä, vaikka myöhemmin hän oli väittänyt, että olin yrittänyt heittää häntä kukkaruukulla.
Oliko poliisi tutkinut, löytyykö patterin vierestä kukkaruukun vai lasin sirpaleita?

Tuskin heitä kiinnosti totuus, kuten olen jälkeenpäin joutunut valitettavasti toteamaan. Tai ehkä ei-vainoharhainen selitys on, että rikospaikan tutkinut poliisi oli epäpätevä, eikä erottanut lasia

kukkaruukusta. Luultavasti poliisi ei ollut edes tutkinut rikospaik-
kaa.

Ilta mummon luona kesti n. 4 tuntia, jonka aikana oli rauhallista
aikaa ja riitaisaa aikaa, ja myös väkivaltaa minun puolelta.

Muistan kuinka mielessäni oli, että tahdon hallita tilannetta vaikka
väkivallalla, jos ei muu kerran onnistu.
Mummo alkoi jostain silloin minulle tuntemattomasta syystä
vääntelemään naamaansa, mitä oli tehnyt muutamia kertoja aikai-
semminkin. Mutta koska aiemmin olin ollut "pilvessä", niin mum-
mon yritykset ärsyttää olivat vain naurattaneet minua.

Mutta nyt olin selvinpäin. Takana oli kammottava päivä. Tupakat
oli loppu, oli kaamea nälkä, ja olin hyvin väsynyt, koska olin tot-
tunut menemään nukkumaan jo siinä iltauutisten jälkeen. Kello oli
pitkälle yli puolen yön.
Varoitin mummoa, "älä ärsytä, tai lyön". Sillä ei ollut mitään vai-
kutusta, naaman vääntely vain jatkui.

Joten löin mummoa, olkapäähän, kovaa. Naaman vääntely vain
jatkui.

Varoitin uudestaan, "älä ärsytä, tai lyön uudestaan". Mummo vain
ärsytti.

Vasta kun olin lyönyt 6-7 kertaa häntä käteen, ja kerran päälakeen,
hän lopetti ärsyttämisen, tilanne rauhoittui.

Tarkoitus ei ollut vahingoittaa, vaan ainoastaan saada nainen ku-
riin, mikä nykyisellä tietämykselläni on tietysti väärin. Näin jäl-
keenpäin ajateltuna, olisin tietenkin voinut antaa tukkapöllyä
lyömisen sijaan.

Yö jatkui melko rauhallisena, mutta jostain – en muista nyt mistä
– meille tuli taas riitaa.

Työnsin häntä seinää vasten pitäen kiinni kauluksesta, ja mummo hätääntyi "aiotko kuristaa minut?", päästin heti irti.

Viimeinen lyönti osui häntä voimalla kylkeen. Se oli vaarallinen, ja sitä kadun kaikista eniten. Onneksi mitään vakavampaa ei siitä hänelle seurannut.
Menin juomaan vettä, jolloin mummo juoksi rappuun ja huusi apua.

Menin perässä ja laitoin oven kiinni.

Eikä mennyt aikaakaan kun olin taas putkassa. Sillä kertaa reissu venähtikin vähän pidemmäksi.

Joskus tuntuu, että samalla reissulla tässä ollaan vieläkin.

Myöhemmin luin mummon sairaalakertomusta, josta ilmeni, että hänellä on palpaatioarkuutta, eli kosketusarkuutta, olkavarressa.

Röntgenkuvauksessa ei ilmennyt vaurioita, mutta ultraäänessä näkyi pieni hiusmurtuma kylkiluussa.

Mummo oli väittänyt, että olin hakannut häntä silmittömästi ja potkinut maassa, kuristanut ja uhannut tappaa. Mummo oli sanojensa mukaan menettänyt tajunsakin.

Myöhemmin kuulin, että enoni, eli mummon poika, oli mennyt seuraavana päivänä sairaalaan, mummoa katsomaan. Eno oli kuulemma kovasti ihmetellyt, miten mummo on niin hyvässä kunnossa, verrattuna siihen, mitä mummo oli väittänyt minun hänelle tehneen.

Sairaalakertomuksen ja mummon puheiden välinen ristiriita oli ilmeinen, mutta se ei kiinnostanut ketään.

Hirviö oli törkeästi, ilman mitään sen kummempaa syytä, tunti-
kausia, hakannut avutonta, kilttiä ja täysin viatonta vanhusta, joka
oli vain yrittänyt pitää huolta huumeiden maailmaan luisuvasta
hulttiopojasta. Ja nyt poika sai maksaa tekosistaan rankimman
kautta.

Kerrottuani tarinani ystävälleni, hän totesi että minähän olin teh-
nyt juuri kuten mummo tahtoi.

Katajanokka

Poliisivankilassa olin 2 viikkoa, jonka jälkeen minut siirrettiin Ka-
tajannokan vankilaan, tutkintavankeuteen, missä minua odotti liuta
kostonhimoisia ammattirikollisia. Juuri sinne, mihin mummo mi-
nut tahtoikin.

Pelko ja sitä kautta stressi oli valtava. Sen lisäksi vankikoppi oli
hyvin virikeköyhä ympäristö, seuranani oli vain liian iso putki-tv.
Oli tietysti myös kirjoja.
Sellissä ei ollut wc:tä, suihkusta puhumattakaan, mitkä nykyaikai-
sista vankiloista löytyy oletusarvoisesti. Oli vain palju, eli ämpäri,
johon tarpeet tehdään ja yleinen suihku.

Mielenkiintoinen havainto oli, että suurin osa vangeista söi iltaisin
jotain "troppeja". Eikö siis edes karskit linnankundit kestä vanki-
laa ilman lääkkeitä?

Ei ole siis ihme, että mielenterveyteni alkoi vankilassa kaiken sen
paineen alla nopeasti rapistumaan.

Tunsin olevani aivan yksin. Tunsin, että kaikki vihasivat minua.
Ettei kukaan halunnut auttaa. Ja niinhän se oli. Tunsin myös suurta
häpeää ja katumusta.

Tapasin ensimmäisen asianajajani melko pian pahoinpitelyn jäl-
keen.

Ihmettelin, miksi mies on ihan punainen, kun näin hänet ensimmäisen kerran. Ehkä hänellä oli helvetinmoinen kankkunen. Tai sitten hän kihisi kiukkua ja vihaa minua kohtaan. Tai molemmat. En muista, että olisimme puhuneet yhtään mitään. Oudoltahan se kuullostaa, mutta kuten lukija ehkä huomaa, muutakin outoa on tässä tapauksessa.

Olisin kaiketi päässyt "vastaamaan vapaalta". Mutta joku minuun perinjuurin vittuuntunut ihminen oli kertonut minun uhkailleen mummoa vankilassa, mikä ei pidä paikkaansa. Siksi jouduin lusimaan siellä 4 kuukautta. Ja toinen, vielä paskamaisempi huhu, joka minusta laitettiin liikkeelle, oli että olisin raiskannut mummoni.

Lukija voi varmasti hyvin päätellä miten vankiloissa ja valtion mielisairaaloissa asustavat ihmiset suhtautuvat mummonraiskaajavasikoihin.

Yhden kerran kävin oikeussalissa, ja siellä ainoa joka puhui minulle, oli oma asianajajani, joka tenttasi minua tyyliin "miksi löit?, miksi löit?".

Koin, ettei ole oman asianajajani tehtävä kysellä sellaisia, ainakaan vasta oikeudessa, joten lähdin salista pois. Vaihdoin asianajajaa hetimiten, eikä hän ollut yhtään sen parempi.
Aika vankilassa meni tietenkin hitaasti. Totesin kuitenkin, etteivät kaikki siellä ole pahoja. Sain joiltakin ihan ystävällistä kohtelua, eikä se liittynyt miesten väliseen ns. vankilarakkauteen, tai niin ainakin haluan uskoa.
Asianajajani kysyi minulta, haluanko mennä mielentilatutkimukseen. Vastasin siihen "kyllä, mutta vastapuolikin on laitettava siihen". Hän sanoi, ettei se ole mahdollista. Minä siihen sitten, että "sopiihan se, ainakin selviää, etten ole hullu". Olin silloin ollut vankilassa vasta kuukauden.

Meni siis vielä kolme kuukautta, ennen kun minut lähetettiin mielentilatutkimukseen. Noiden kolmen kuukauden aikana mielenterveyteni heikkeni merkittävästi. Pääni ikäänkuin sumeni.

Kerran eräs vanki näytti minulle pilleriä, jossa oli kirjaimet "ris". En tuolloin vielä tiennyt mitä nuo kirjaimet tarkoittivat, tai miksi hän tuota pilleriä näytti.

Nyt tiedän. Se oli Risperdal nimistä psykoosilääkettä ja hän näytti sen minulle, koska oli huomannut mieleni alkavan järkkyä ja oli siitä huolissaan.

Lapinlahti

Noustessani Lapinlahden sairaalan rappusia, olin valmista kauraa. Minulla ei ollut mitään mahdollisuuksia saada terveen papereita, vaikken tekohetkellä ollutkaan psykoosissa.

Tietenkin, sain tutkivaksi lääkäriksi nuoren naisen, jolle olin ensimmäinen tutkittava (ainakin tietoni mukaan).

Lapinlahdessa minua kiusattiin ja uhkailtiin jatkuvasti, mikä edelleen heikensi mielenterveyttäni.

Yhtenä päivänä eräs tutkittava istui tuolissa aivan kuin se olisi ollut hänen valtaistuimensa. Miehen ulkonäöstä tuli mieleen itse piru, ja hetken uskoinkin että hän on saatanan ruumiillistuma.

Ei mennyt kauaa, kun kävin pyytämässä hoitajilta lääkettä – olin alkanut seota pahan päiväisesti, huomasin. No, ainakin silloin sairaudentuntoni oli paikallaan.
En millään muista kaikkea mitä olin kertonut lääkärille, mutta ainakin sen verran, että minua vainotaan. Luultavasti en kertonut kuka ja miksi. Olin aika huonossa kunnossa, kun piti jatkuvasti pelätä ja olla toisten hyljeksimä.

Lopputulos oli "paranoidinen skitsofrenia", ja siirtyminen hoidettavaksi Vanhan Vaasan valtion mielisairaalaan määräämättömäksi ajaksi.

Minulla oli kuukausi aikaa valittaa päätöksestä. Soitin heti asiana-jajalleni, joka ilmoitti, ettei ole 27 vuoteen pitänyt lomaa ja nyt lähtee lomalle 3 viikoksi. Hän neuvoi ottamaan yhteyttä kolle-gaansa.

Sattuipa asianajajani valitsemaan lomalleen juuri pirullisimman ajankohdan, vai olisiko vainoharhaista ajatella, että hän ei tahtonut auttaa tälläistä paskiaista?
Tai jospa hän sattumalta valitsi minun kannalta huonoimman mah-dollisen ajankohdan.

Soitin hänen kollegalle, joka lupasi tehdä valituksen. Odotin ja odotin, ja odotin vielä vähän lisää. Valitusaika meni umpeen, joka sinetöi kohtaloni.

Ystäväni mielestä on vainoharhaista ajatella, että asianajajani oli-sivat olleet minulle vihaisia ja siksi jättäneet puolustamatta minua. Järkevämpi vaihtoehto kuulemma on, että nuo minun kaksi asia-najajaa olivat epäpäteviä, ja he määräytyivät minulle sattumalta. Mukaanlukien jälkimmäisen asianajajan kollega. Ehkä hän oli vain kiireinen.

Odottelin siirtoa Vaasaan, ja eräs tapahtuma jäi vielä Lapinlahdes-ta mieleeni.

Kerran kun menimme porukalla punttisalille, seisoi minua tutkinut lääkäri kahden miehen kanssa käytävällä. Nainen katsoi minuun ja naurahti, kumpikaan miehistä ei nauranut.
Olen melkoisen varma, että nainen nauroi minulle. Hän oli tuhon-nut elämäni, mikä onkaan sen hauskempaa. Tietenkin yleisesti aja-teltuna, se ON vainoharhaa ja kaiken järjen mukaan, naislääkäri EI nauranut minulle, vaan ihan jollekin muulle. Lääkäri EI ollut las-kelmoinut, että jos joudun vankilaan, lusin ensikertalaisena muu-taman kuukauden ja hullujenhuonereissu voi venähtää koko loppuelämän pituiseksi.

Ja vuosien päästä ihmetellään, miksi uskon olevani terve, kun niin moni lääkäri on todennut minut sairaaksi. Tuo lievä psykoosi Lapinlahdessa oli yksittäistapaus, ja aiheutui valtavan stressin vaikutuksesta. En usko hetkeäkään, että minulla olisi psykoosisairaus.

Tosiasiassa jokainen lääkäri nojaa käsityksensä niihin papereihin, jotka minusta on kirjoitettu. Ja kun yksi lääkäri kirjoittaa ensimmäisen paperin, on soppa sitä myöten valmis. Millään ei diagnoosia voi purkaa tai edes muuttaa. On ihan sama kuinka terve olen, henkilökunta vain ajattelee, että lääkitys on kohdallaan.

Eräskin puoskari psykiatri totesi, kun sanoin olleeni hoidossa 20 vuotta, että "sittenhän sinun täytyy olla todella sairas". Eräs ystäväni totesi siihen lakonisesti, että sittenhän hoito tekee sairaaksi.
...

Minua on sanottu sairaudentunnottomaksi, mutta itsehän menin hakemaan lääkettä jo mielentilatutkimuksen aikoihin.

Osaan tarkkailla ajatteluani, eli taidan introspektion. Toisinsanoen, osaan tutkia ja tarkkailla omaa ajatteluani ja asenteitani. Pyrin parantamaan niitä.

On sanottu, että hyvät kognitiiviset kyvyt auttavat skitsofrenian kanssa, ja vaikken uskokaan, että olisin skitsofreenikko, uskon että osaan ajatella taitavasti – voisin jopa sanoa, etten edes voisi sairastua skitsofreniaan, älyni ja älylliset asenteeni suojelevat minua ajatusharhoilta. Osaan kyseenalaistaa omia ajatuksiani ja kysyn mielelläni mielipidettä älykkäiltä ystäviltäni. Huomaan oudot ajatukset, muissa ja itsessäni, ja ne herättävät yleensä huomioni nopeasti ja pyrin tarkastelemaan niitä logiikan keinoin, ja tarvittaessa korjaamaan niitä tai kokonaan hylkäämään ne.

Uskon, että ajatusharhat ovat loogisia virheitä, ja että ihmisellä on virheenkorjaus aivoissaan – ainakin useimmilla on. Mielisairaat ihmiset eivät näe, osaa, tai tahdo korjata virheitä ajattelussaan.

Voisi olla hyvä idea korjata niitä yhdessä hoitajan, psykologin tai lääkärin kanssa.

Itselläni on varsin joustavat niskalihakset ja pääni kääntyy heti kun väitteen perustelut ovat riittävät.

Juttu vähän syrjähti, mutta nyt takaisin elämäntarinaani.

Selvisin siis hengissä Lapinlahdesta ja päädyin Vanhan Vaasan valtion mielisairaalaan, joka oli yhdellä sanalla kuvattuna "koirakoulu".

Muistan puhelinkeskustelun mummon kanssa, kun kysyin mummolta miksi tämä oli ärsyttänyt minua, hän vastasi "jotta joutuisit lukkojen taakse ja lopettaisit kannabiksen käytön".

Viimein ymmärsin asian koko kauheuden. Mummo oli ärsyttänyt tahallaan ja saanut minut lyömään ja sen lisäksi puhunut kamalia valheita tapahtuneesta. Ja kaikki näyttäisivät nielevän mummon puheet ilman kyseenalaistamista.

Ensitöikseni Vaasassa tein valituksen hoitoonmääräämispäätöksestä, ja sain kun sainkin suullisen kuulemisen korkeimmassa hallinto-oikeudessa. Kun olimme ylilääkärin kanssa matkalla kuulemiseen, hän sanoi, että siellä ei sitten puhuta sanaakaan siitä ensimmäisestä hoitoonmääräämispäätöksestä – jonka sain siis Lapinlahdessa. Vainoharhainen tulkintani siitä oli, että hänkin tiesi, että diagnoosini on väärä, ja minut olisi kuulunut laittaa vankilaan.

Oltuani Vaasassa vuoden tms. ylilääkäri sanoi, ettei usko mummon puheisiin kaikkinensa. Ehkä olin käytökselläni osoittanut, etten ole sellainen ihminen, joka hakkaa mummonsa muussiksi.

Kahden vuoden jälkeen minut siirrettiin Kellokosken sairaalaan. Olin onnesta soikeana, luulin pääseväni pian siviiliin. Mutta Kellikselä menikin 8 vuotta.

Kellokosken vuodet

Aluksi minut sijoitettiin osasto 10:lle, joka on ns. kriminaaliosasto – ts. pottumainen sellainen. Kysyin, miksi näin tehtiin. Vastaus oli: "jotta me (hoitajat) voimme tutustua sinuun". Sanoin, "voittehan te tutustua minuun papereiden kautta", vastaus: "haluamme tutustua henkilökohtaisesti", kysyin: "miten lääkäri sitten tutustuu minuun?", vastaus: "papereidensa kautta".

10-osastolla oli tämä mieshoitaja, joka n. 10 kertaa haukkui minua julkisesti mummon potkijaksi. Ja sama mies kielsi tekemästä "mitään myyrän työtä", teen kuitenkin.

Aikaa kului, ja pääsin eteenpäin. Ensin puoliavoimelle osastolle ja lopulta avo-osastolle. Osallistuin erilaisiin kuntouttaviin työtehtäviin. Olin kuljettamassa ruokakärryjä, työskentelin sairaalan myymälässä ja suurimman osan aikaa vietin ulkotyöryhmässä. Palkka ei ollut kummoinen, 1,80€/tunti, mutta työporukka oli tosi kiva ja itse työ kevyttä. Teimme usein jotain purtavaa, pizzaa, pannaria ja muuta sen sellaista.

Oltuani avo-osastolla vuoden tai pari, minut kutsuttiin kansliaan, jossa oli ylilääkäri ja muuta henkilökuntaa. Ylilääkäri sanoi, ettei "rikokseen syyllistyneestä voi tulla uuden uskonnon airutta". Minulle sanottiin, että olen psykoosissa ja että minut lähetetään takaisin 10-osastolle.

Oltuani kympillä viikon, eräs hoitaja tuli luokseni ja sanoi: "mitä se ylilääkäri oikein meinaa, ethän sinä missään psykoosissa ole..." Ehkä ylilääkäri vihasi minua, tai ehkä hän vain oli epäpätevä.

Tuon 10-reissun aikana lopetin tupakoinnin, johon en juurikaan saanut apua hoitajilta.

Lopulta, ajan myötä, pääsin takaisin avo-osastolle. Siellä meni taas muutama vuosi kun eräänä päivänä minulle piti taas tehdä hoitoonmääräämispäätös. Sitä oli tekemässä mieslääkäri. Hän sanoi, "nyt minun valitettavasti täytyy toimia omaa moraaliani ja etiikkaani vastaan, koska minä päästäisin sinut pois, mutta ylilääkäri tahtoo, että hoitoasi jatketaan."

Hän suositteli lämpimästi valituksen tekemistä, koska se menisi luultavasti läpi. No, tahdoin tehdä valituksen, mutta hoitajat onnistuivat puhumaan minut ympäri – "kyllä sä pääset pian pois muutenkin". En päässyt, vaan siihen meni vielä monta vuotta.

Lopulta pääsin pois. Tai no, hoito jatkui Auroran sairaalassa.

Auroran vuodet

Aika Auroran sairaalassa on mennyt kohtalaisesti. Olen kaksi kertaa jättänyt lääkkeet syömättä mikä on johtanut pakkohoitoon. Aurorassa on mennyt nyt 10 vuotta.

Ennen tätä reissua olin pärjännyt 7 kuukautta hyvin, 150 mg Leponex annoksella.

Tämä reissu alkoi vuoden 2019 syksyllä.

Olin nukkunut tosi huonosti monta viikkoa koska olin jättänyt tuon 150 mg:kin annoksen pois. Suuni oli osittain lakannut toimimasta, jolloin olin mennyt Haartmanniin.
Haartmannissa oli tehty erilaisia testejä. Lopulta hoitaja ilmoitti, että minut siirretään Auroran sairaalaan. Olin sanonut, että "taas menee ainakin puoli vuotta hukkaan", johon hoitaja oli vastannut: "ei siinä niin kauan mene".

Oikeudenmukaisin ratkaisu oli ollut antaa minulle unilääkettä ja passittaa kotiin nukkumaan. Mutta ei. Sen sijaan myöhemmin Aurorassa minut laitettiin remmipetiin heti, kun kieltäydyin lääkkeistä.

Olin kuulemma ollut aggressiivinen. Kaikkea muuta, olin harrastanut passiivista vastarintaa, eli laitoin itseni lötköksi jolloin hoitajat kantoivat minut käsistä ja jaloista remmipetiin. Olin laulanut Juicen hienoa kappaletta "Rakkauden ammattilainen", joka muuten kertoo Jeesuksesta.

Myöhemmin eräs hoitaja väitti minun laulaneen jotain pilkkalaulua.

Remmipedissä minua tökättiin jollain piikillä, ja menetin muistini joksikin aikaa. En päässyt pois remmipedistä, vaikka pyysin päästä vessaan. Jouduin kusemaan päälleni.

Kun minut oli alistettu, söin lääkkeeni kiltisti. Ymmärsin, että vastarinta oli turhaa, heillä oli kaikki valta minuun.

Aamulla herätessäni hyvien yöunien jäljiltä, huomasin parantuneeni – puhevaikeus oli poissa. Eikä mitään ongelmia ole sen jälkeen ollut. Oikeudenmukaista olisi ollut antaa Haartmannista jotain unilääkkeitä, ja passittaa minut kotiin nukkumaan. Olen vieläkin tässä rotankolossa. Tulevaisuuteni näyttää synkältä, olen joutumassa edunvalvontaan, jolloin viikkorahakseni jää 20 euroa. En voi muuttaa omaan asuntoon, koska minulla ei ole siihen varaa.

Toivottavasti alan pian saamaan rahaa tekstistäni. Tulot käytän ensisijaisestl oman asunnon hankintaan. Seuraavaksi tärkein asia on yksityisen psykiatrin palkkaaminen ja mielenterveyteni uudelleen arviointi. Pakkolääkityksen on loputtava ja diagnoosini on purettava. Silloin pystyn palvelemaan maailmaa kaikella sillä potentiaalilla, joka minussa on.